# Stillgelegte Gleise

Eckart Balz

# Stillgelegte Gleise

Gedichte

chiliverlag

# Vorwort

Gedichte sind Stimmungsbilder. Was ich erlebt, gefühlt und gedacht habe, ist in ihnen schriftlich niedergelegt. Sie fangen bestimmte Momente, Erinnerungen, Aussichten ein. Man kann sie lesen, rezitieren oder verwerfen, vielleicht auch nachempfinden. In jedem Fall bleiben sie ein persönlicher Ausdruck der eigenen Lebensgeschichte.

Dieser Band stellt eine kleine Auswahl von Gedichten dar, die in den letzten etwa 40 Jahren entstanden sind. Manche erschienen bereits in einer früheren Sammlung, einige wurden auch öffentlich vorgetragen und an verschiedenen Stellen publiziert. Nicht wenige sind zudem überarbeitet worden oder hier zum ersten Mal abgedruckt (vor allem in Kapitel 3, 9 und 10). In der vorliegenden Zusammenstellung markiert der Band den ausgesuchten Stand und vorläufigen Abschluss meiner lyrischen Versuche.

Die Gliederung in zehn Kapitel ergibt sich chronologisch und systematisch: Nach „Vorauseilende Bekenntnisse" folgen frühe „Marburger Gedichte I", unterbrochen durch „Prominente Analogien", weitere „Marburger Gedichte II" und „Unzeitgemäße Einlassungen", danach „Marburger Gedichte III" und Auszüge aus „Zwischen all den Jahren" sowie „Marburger Gedichte IV", „Vorletzte Versuche" und Schlusspunkte in „Am Ende dieser Tage". Meine zwölf liebsten Gedichte stehen auf den Seiten 11, 31, 36, 45, 57, 65, 69, 81, 105, 110, 118 und 124.

Bedanken möchte ich mich bei all jenen, die Verständnis für meine lyrischen Expressionen aufgebracht oder sogar Freude an einzelnen Gedichten gezeigt haben. Euch schenke ich diesen Band und hoffe, dass Ihr damit ein Stück

Poesie bewahren könnt. Nicht zuletzt geht mein Dank an den chiliverlag, der diesen Band so ermöglicht und veröffentlicht hat. Ich bin froh, dass es nunmehr gemeinsam gelungen ist!

Eckart Balz　　　　　　　　　　Bielefeld, im Februar 2019

1

# Vorauseilende Bekenntnisse: So oder so

## Glaubensbekenntnis

Ich glaube
an die Ungewissheit allen Anfangs,
an die endliche Ewigkeit in Raum und Zeit,
an die Ungeheuerlichkeit unseres Seins.

Ich glaube
an die menschliche Erschaffung des Sinns,
an die unersetzliche Liebe zum Leben,
an die Möglichkeit der Moral und des Weltuntergangs.

Amen.

## für mich

Was ich will
  und woran ich glaub,
zerfällt
  so manches Mal zu Staub.

Die Kraft,
  mich dann zu überwinden,
seh´ ich
  zuweilen schwinden.

Doch darf nie
  die Hoffnung weichen,
ein wenig
  von alldem zu erreichen.

## Identität

Wenn ich nicht ***der***
(geworden) wäre,
der ich bin,
würde ich gern
sein: ein Fußballgott,
Weimarer Expressionist
oder bierseliger Argonaut,
das Dornröschen im Schlaf,
mein optimierter Klon?

# Schätzer

Mir liegt
das Ungefähr
der Welt.

Ganz allgemein
und nicht zu fein
sag ich dir:

was ist, war, wird –
schätze unser Leben.

## Lyrik im chiliverlag (Auswahl):

Glasaugenstern, 101 Gedichte von Alex Dreppec

Fassadenflucht, Politische Dichtung der Gegenwart II

Herzschlaf, Gedichte und Kurzprosa über Trauer, Trost und Hoffnung

Stimmwirbel – Gedichte, Michel Ackermann

Abschreibungen, Lyrisches und Satirisches von Stefan Krückmann

wir wölfe – Gedichte, Eine poetische Hommage an unsere Tierwelt

Pappalappa Mirzapan, Gedichte für besondere Kinder

Tanze mit Raketenschuhen – Dance with Rocket Shoes, Wissenschaftsgedichte – Science Slam Poetry, Alex Dreppec

die aus der kälte kommen – Porträtgedichte, Jutta Pillat

Klagelied winterzu – Gedichte, Fritz Deppert

Im Traum der dich nicht schlafen lässt, Thomas Rackwitz

Saisonlyrik, Jürgen Zimmermann

federleicht – feather-light, 111 Haiku und Senryu, Pitt Büerken

Am Meeressaum, Jutta Gornik

Jenseits von Abwesenheit, Horst Leiwig

Rückrufe, Fritz Deppert

1. Auflage März 2019



franchili / 73

Gestaltung, Layout, Lektorat: chiliverlag

Autorenfoto S. 126: Eckart Balz



Detaillierte bibliographische Daten sind unter http://dnb.ddb.de bei der Deutschen Nationalbibliographie abrufbar.

Printed in Germany

ISBN 978-3-943292-75-6

EDITION avanti www.chiliverlag.de

Fritz Depperts vorliegender Gedichtband ist eine persönliche Dokumentation einer intensiven Trauer, die mit den Jahren nicht nachlässt. Der Dichter nimmt den Leser mit auf eine Reise durch die Zeit der Liebe bis zu den verschiedenen Phasen des jähen Abschiednehmens, mit denen der Tod diese Liebe konfrontiert.

Fritz Deppert, **Rückrufe**
Gedichte
chiliverlag 2019
ISBN 978-3-943292-73-2
100 Seiten, Euro 10,90

Auf seiner ersten CD ***Fernreise*** hat er ...
Gedichte vertont und interpretiert sie durch sein Klavierspiel und seine bemerkenswerte Stimme auf ganz eigene Weise.
... erstaunlich stilsicher ...
**Hier ist ein Talent auf dem Sprung.** *Der Bielefelder 2/2018*

Horst Leiwig, **Jenseits von Abwesenheit**
Gedichte, 2018
chiliverlag, ISBN 978-3-943292-72-5
76 Seiten, Euro 9,90

Horst Leiwigs Gedichte sind hochpoetische Versatzstücke aus traumgetränkter Wirklichkeit gepaart mit Erinnerung und Ahnung. Vergangenheit, Gegenwart und Zukunft verschmelzen zu einer (Bewusst) seinsebene, in der „der Tod und das Knarren einer Fichte" Ereignisse sind, „die einen nicht mehr persönlich betreffen". Es sind Gedichte vom Überwinden der Anhaftung – „nicht alles was wir verlieren werden ist auf ewig verschwunden" – und ein Hineinfühlen in das, „was dann sein wird".

Horst Leiwig, gelernter Maschinensetzer und ehemaliger Mitarbeiter des Öffentlichen Dienstes (Kripo), lebt in Bielefeld und schreibt Lyrik und Prosa. Zahlreiche Veröffentlichungen, u. a. den Kurzgeschichtenband „Nachtschwarz, Himmelgrau", chiliverlag 2015.

**wir wölfe** – Gedichte

Eine poetische Hommage an unsere Tierwelt

Anthologie, Hrsg. Franziska Röchter, 2016,

Mit Fotos von Heike Großmann und Christine Zeides

chiliverlag, ISBN 978-3-943292-45-9

148 Seiten, Euro 9,90

Annähernd 60 Autorinnen und Autoren, unter ihnen Michael Starcke, Peter Ettl, Esther Ackermann, Thomas Rackwitz, Sören Heim, dichten über die Vielfalt und den Artenreichtum unserer Tierwelt. Aus den Gedichten und den Fotos von Heike Großmann und Christine Zeides spricht eine große Wertschätzung gegenüber Tieren und ein Erkennen ihrer unglaublichen Einzigartigkeit sowie Bewunderung ihrer Schönheit. Mal humorvoll, zunehmend aber auch ernsthaft werden Besonderheiten einiger Tierarten und Wissenswertes poetisch beleuchtet und ihr Dasein in Relation zum Menschen bespiegelt. Mit Gedichten des Anfang 2016 verstorbenen Bochumer Lyrikers Michael Starcke.

Fritz Deppert, **Klagelied winterzu**
ISBN 978-3-943292-57-2, chiliverlag 2017
84 Seiten, EURO 8,90

Fritz Depperts Texte sind Spiegel des Vergänglichen im Warten auf den Wandel der Jahreszeiten – persönliches Abschiednehmen und melancholisches Eintauchen in „traumsüchtigen Winterschlaf" als Hinweis darauf, dass sich dem Kreislauf der Natur niemand entziehen kann.

## Klagelied

Nun sind die Blumen verwelkt,
die sie Dir aufs Grab gelegt haben.
Meine Tränen sind nicht getrocknet.
Unsere Liebe sagt mir, warum ich leide.
Aus in den Himmel fackelnden Zypressen
werfen Krähen mir Trauerfedern zu.

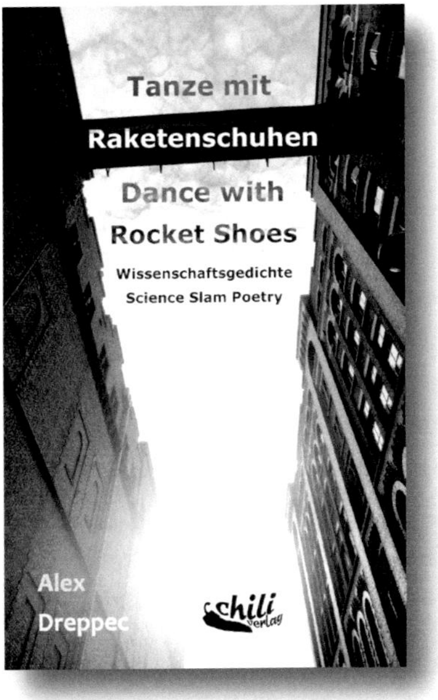


Alex Dreppec, **Tanze mit Raketenschuhen – Dance with Rocket Shoes: Wissenschaftsgedichte – Science Slam Poetry**

chiliverlag, November 2016, ISBN 978-3-943292-50-3,
180 Seiten, 12,00 Euro

Die vorliegende Zusammenstellung von Gedichten, die sich mit wesentlichen Gebieten wissenschaftlicher Disziplinen beschäftigen, um diese durchaus humorvoll zu durchleuchten und zu hinterfragen, ist absolut einzigartig. / The present compilation of poetry, which is about essential fields of academic and scientific disciplines in order to examine and question them in a humorous way, is absolutely unique.

Teile der vorliegenden zweisprachigen Sammlung erschienen vorab in angesehenen Zeitschriften wie „Cincinnati Review", „Notre Dame Review" (USA), „Orbis" (UK) oder „Das Gedicht". www.dreppec.de / Parts of the present bilingual collection were previously printed in renowned journals like „Cincinnati Review", „Notre Dame Review" (USA), „Orbis" (UK) or „Das Gedicht" (Germany). www.dreppec.de

# Inhalt

## Bibliografisches

Neben verschiedenen Lesungen, u. a. auf der „Literaturbühne NRW-Tag 2014“, wurden folgende Gedichte publiziert und Werke erstellt:

Gesammelte Gedichte. Unveröffentlichter Band, Bielefeld 2004.
Zwischen all den Jahren. Lyrikband „edition anthrazit“, Aachen 2009.
Ausgesuchte Gedichte. Literaturzeitschrift „exempla“, Ludwigsburg 2011.
Gedichtauswahl. Fischer „Lyrik und Prosa unserer Zeit“, Aachen 2009.
Ausgesuchte Gedichte. Literaturmagazin „Tentakel“, Bielefeld 2012 ff.
Stillgelegte Gleise. Lyrik. chiliverlag 2019.

## Biografisches

Eckart Balz,

geboren 1959 in Gadderbaum als erster Sohn der Eheleute Marianne (geb. Peuß) und Ehrhart Balz, wuchs mit Bruder Bernd-Christian in Bielefeld auf,

war nach Schule, Studium, Promotion, Referendariat und Habilitation als Hochschullehrer u. a. in Regensburg tätig und arbeitet seit 2000 an der Bergischen Universität Wuppertal,

ist mit Bettina Delius-Balz verheiratet und hat drei Söhne (Ben Niklas, Maximilian, Konstantin), wohnhaft in Bielefeld Theesen, Zweitwohnsitz in Potsdam Groß Glienicke,

schreibt auch Gedichte.

## erinnerungskultur

im eigenen Leben schwelgen

menschen und momente
hervorkramen

sich nochmal freuen
über das was war

bunte kindheitstage
wunderbare orte
der erste kuss

manche reisen
städte häuser der beruf

bücher bilder lieder
spielen trinken lieben

familie feste kinder
wünsche wunden wunder

## 84

Hab das mal irgendwann
geträumt,

weder Wunsch noch Alb,
später eben dann
mit 84 Jahren:

abzutreten,
ohne Beten,
einzusinken,
tiefer, toter.

Ob's so kommt?
Ob ich's kann?

## Stück vom Glück

Das Glück – zum Glück –
gibt's meist nicht ganz,

man vielmehr fand's:
nur Stück für Stück.

## gottlos

Du fragst,
warum überhaupt
Etwas ist?

Ja sag,
warum bloß ist nicht
einfach Nichts?

Nur so,
weil Etwas und Nichts
sich einig sind.

Ganz schlicht,
weil Beides gleich gut
möglich ist.

## Statt Karten

Ich bin das Leben.
Und bin der Tod.
Bin der gefräßige Feind.
Und dein bester Freund.
Segen wie Fluch.

Ich bin die Stille.
Und bin deine Musik.
Bin der Atem des Windes,
welcher dich streift.
Die Sonne, die dich wärmt.

Ich bin wie eine Träne.
Und ein Lachen zugleich.
Bin Staub und Stein.
Auch der ferne Stern.

Ich bin der lichte Tag.
Und die dunkle Nacht.
Das Überall im Nirgendwo.

Ich bin tot.
Und lebe doch.

## Stiller die Tage nie klangen

Stiller die Tage nie klangen
als vom Verhallenden umfangen
und so erinnert rasch vergangen.
Stiller die Tage nie klangen.

## Morituri

Aufstehen. Losgehen.
Ohne Ziel und Zweck.
Auch nicht der Weg.

Voranschreiten.
Ohne Blick zurück.
Nicht mal am Meer.

Abwarten. Ausschauen.
Ohne Hast und Harm.
Auch nicht im Schlaf.

Aushalten. Abschalten.
Ohne Angst und Wut.
Nicht mal zur Schau.

Sich verabschieden.
Ohne Gram und Schmerz.
Auch nicht mit Gruß.

Hinlegen. Loslassen.
Ohne Weh und Ach.
Nicht mal am Schluss.

Ruhen. Vergehen.
Ohne Wunsch und Last.
Auch nicht im Licht.

## melancholia

auf dieser losen schale stummer gefühle
geht die reise in leere / wir treiben / wehmut
schlägt höher über uns zusammen / wir rudern
fester noch an uns selbst gekettet / doch erhoffen

nichts, verzagen und versinken / in jenem meer
voll schwarzer tinte, voll stillem wein / und bald
schon schweben wir / starr am kühlen grund /
dunkelheit tut dort ihre seltsamen wunder / ja

alles hat schon losgelassen / nur die trüben
träume bleiben uns / verfallen erst im fernsten /
in ungeahnten zeiten ohne jede traurigkeit / in
wunderweißen räumen / ohne jede poesie

# Dreiklang

Wir leben
in einem Käfig:
Gitter aus Zwängen.
Und können nicht raus.

Wir leben
auf einer Wolke:
freier um Längen.
Und schweifen hinaus.

Wir leben
zwischen den Polen:
Weite im Engen.
Und halten es aus.

## Vorbei

Ach, so schrecklich schnell verging die Zeit,
war kein Halten, kein Verweilen,

zogen Jahre rasch vorüber,
wurden junge Menschen Greise,

blieb nur Asche auf den Meeren,
verblasste die Erinnerung,

war alles, ach, so schnell vorbei.

## die schönsten

in dem lichten dunst
einströmender vorfreuden

bedarf es der gunst
sie zu wahren getreu den

regeln aller kunst
und ja nicht zu vergeuden

# Kinder an die Macht*

Ein Gedicht aus Gemüse?

*„Die Paprika ist verknallt*
*in die Zwiebel von Peperoni.*
*Sie tanzen auf dem Ball.*
*Auch Ritter Kürbis*
*mit der Frau von Sellerie*
*und Frau von Sauerkraut*
*mit dem Kopfsalat."*

Kinder an die Macht!

* Nach einer Vorlage von Max aus dem Kindergarten.

# Lirum, Larum

„Lirum, Larum, Löffelstiel" –
es gibt so viel, auch ohne Ziel

von „wer, wie, was" und
„wieso, weshalb, warum" –

Fragen, Dinge, Taten: spiel!

# 10

# Am Ende dieser Tage: Ungereimtes

## See der Sehnsucht*

In ihm läuft alles klar zusammen.
Von Ost und West, von Nord und Süd,
von Bucht zu Bucht, ganz grün erblüht.

In ihm ist weit raus gut zu schwimmen.
Von Nord nach Süd und dann zurück,
auch kreuz und quer, ein großes Glück.

In ihm lass ich mich rücklings treiben.
Kaum vor noch quer, nur dieser Ort,
fast schwebend hier, in einem fort.

In ihm, da möcht' ich untergehen.
Nicht hier und jetzt, doch später gern,
versinken – still: so nah, so fern.

* Die Rede ist vom Sacrower See in Groß Glienicke/Potsdam.

## in Ferch

Poetische Landschaften
werfen ihre weiten Schatten

über Felder und Alleen; Ratten
lesen was von Verwandtschaften,

die es immer schon gibt und gab
zwischen allen Wesen; ich hab

meine Zeilen auf Fluren notiert:
denn Lyrik gedeiht, wo sie irritiert.

## doch

passiert, doch nicht bemerkt,
bemerkt, doch nicht gefühlt,

gefühlt, doch nicht bedacht,
bedacht, doch nicht gesagt,

gesagt, doch nicht gemacht,
gemacht, doch nicht befragt,

befragt, doch nicht gehört,
gehört, doch nicht bereut.

## Engel

Im Kloster G. gibt es:
Verlässlichkeit, Pforten,
festen Glauben und –
diese wunderbare Stille.
Engel aber gibt es nicht.

Im Kloster G. gibt es:
Verlässlichkeit, Einkehr,
starke Gemeinschaft und
ein bescheidendes Leben.
Engel aber gibt es nicht.

Im Kloster G. gibt es:
Verlässlichkeit, Glocken,
herrlichen Gesang und
tiefen, großen Frieden.
Engel aber sah ich nicht.

## Festliches Läuten

Gegen sechs am Abend
lassen sie von sich hören.

Kirchenglocken klingen herüber,
unterlegen die Umtriebigkeit
mit ihrem Wiederhall.

Ich bin Atheist.
Und doch schreibt mir
dieses Läuten ins Innerste ein:

Demut hilft, nicht Wut.
Und woran du auch glaubst,
alles wird bestimmt noch gut.

## Jenseits der Wupper

Der Fährmann sah,
dass ich nach dem Übersetzen
noch etwas zögerte, und fragte:
„Ist noch was?"

Ja, ob noch etwas ist,
habe ich mich auch mal gefragt.
Aber nicht mehr daran geglaubt.

Hier ist es dunkel, lautlos und leer.
Doch muss man anerkennen,
dass es immerhin Irgendetwas
zu geben scheint – nur was?

Paradiesische Gärten und
himmlische weiße Strände
vermag ich nicht zu erkennen,
auch keine lodernden Höllenfeuer
oder letzte hohe Gerichte.

Alles wirkt vielmehr
wie ein verlassener Warteraum,
vollgestopft mit ganz viel Nichts:
die andere Seite der Medaille,
nicht unbedingt die bessere,
das Gegenstück zur Welt.

So kann man es lange aushalten,
dachte ich, und schlief fest ein.

# Ishoj Strand

Die Bucht enttäuschte
meine Hoffnung.
Der Sand erstickte
meine Sehnsucht.

Wellen brachen
meine Träume.
Dünen umstellten
meine Sinne.

Der Wind zerzauste
meine Seele.
Die Glut verbrannte
mir den Verstand.

Der Fels verprellte
meine Freude.
Das Salz fraß an
meinem Herzen.

Der Tang verweste
meinen Körper.
Am Steg zerschellte
meine Liebe.

## Nachts auf dem Bahnsteig

Kälte schleicht umher.
Verlassenheit
fährt ein und aus.

Warten, warten:
Reise im Jahr null.

Schienen spiegeln
Neonlicht.
In der Gosse dunstet
eine Träne.

Nirgendwo kann
es so einsam sein.

## Schwinden

Es schwindet,
was eben noch war,
zerrinnt, vergeht.

Heut schwinden
Demut, Frohsinn,
Frieden und Glück.

Bald schwinden
Fülle, Vielfalt,
Hoffnung und Licht.

Uns schwindet
die Kraft, die Zeit
mit jedwedem Tag.

Es schwindet
unser Leben,
was eben noch war.

## Projekt Poesie 21

Ich will nun bald beginnen,
ein weites Netz zu spinnen:
am Tag zwei Zeilen aufzuschreiben,
mein Leben so mit Versen einzureiben.

In Zwanzigneunzehn möcht ich starten
und kann es nunmehr kaum erwarten,
zwei Jahre fortan lyrisch auszugießen,
um zwanzigeinundzwanzig abzuschließen.

# 9

# Vorletzte Versuche: Kaum zu hören

# Theatralik

Wenn ich nicht mehr wär,
aber vielleicht gäb´s ja einen Himmel,
dann würd ich gern schauen und wissen,

ob mich dort unten einer wirklich vermissen
und weinen tät – auch noch nach einem Jahr?

## ungeschminkt

Am frühen Morgen,
der Kaffee noch warm,

entwickelt die Todesanzeige
besonderen Charme.

Worte vom authentischen Ende,
gesprochen aus Harm,

zeugen von lohnendem Leben.
Wir sind gar nicht so arm.

# Wolf

Wer mit den Wölfen heult,
ist gar keiner.

Ist nicht wirklich:
grau,
zerrissen,
einsam.

## Irgendwo

Dort hinten
in den Karpaten,
sagt man,
sei das Leben
wie einziger
langer Tag.

Morgens und abends
komme ein Zug vorbei,
der niemals hält.

## Was ist sie?

Liebe ist
ein Fass ohne Boden.
Über sie haben wir keine Macht.
Ein Medikament ohne Dosierung,
das Salz in der Suppe
vom Glück.

Liebe ist
eine wunderbare Erinnerung.
Sehnsucht, Kummer, Herzzerreißen.
Ein Wort für das, was uns überkam
und dann verloren ging:
eine stillgelegte Zeche.

Liebe ist,
was unser Leben leuchten lässt.
Sie blüht und sie vergeht.
Ohne Liebe sind wir arm.
Wir spüren es: Sie ist,
was sie ist.

# Zur blauen Stunde

Weit wölbt abends
sich das Firmament.

Zwischen Tag und Nacht
fällt Dämmerung.

Wunderbares Blau:

Schärfe meine Sinne,
segne meine Seele!

## Ballyheigue Sunday

Aus der atlantischen Bucht
strömt Silber die Hügel hinauf.
Stimmengewirr brandet vom Strand.

Selten war es so sommerlich.

Entlang der Friedhofsmauer
neigen sich gelassen hohe Gräser
im Golfstromwind.

Diesseits kauern bunte Ferienhäuser.
Jenseits steht das verwitterte
keltische Kreuz.

Im Ort tönt ein Jahrmarkt.
Unbewegt schauen die Berge
von Kerry herüber.

## Aufstehen

Jeden Morgen:
ein neues Stück
vom Leben borgen.

Jeden Morgen:
ein kleines Glück,
so manche Sorgen.

Jeden Morgen:
aufstehen!

# 8
# Marburger Gedichte IV: Nachgetragenes

## Durch das Jahr

Was zählte wohl
ein Osterläuten
ohne diese dunkle Gruft
zur Winterzeit?

Was wäre denn
ein Sommerwogen
ohne all die Hagelschläge
im April?

Was würde bloß
aus rotem Nebellaub
ohne dieses Felderflirren
unter Juliglut?

Was bliebe nur
von Eisgebinden
ohne jenes fahle Netz
aus Diesigkeit?

## Skulptur aus Marmor

Käme ein Gott
oder irgendein Weiser
vom anderen Stern

und käme er
an einem Wintertag,
sähe dieses Dorf im Berg:
Hütten, Ställe, Häuser, Kirche
dicht zum Schutz gedrängt,

lange Bronzeschatten
auf schroffem Marmoreis,

so würde er wohl
lächelnd sagen:
Ich glaube, morgen
wird es schneien.

## Abgesang

Tief neigt sich schon der geschwärzte Holunder ins Jahr,
hat den Abend umfasst.

Wind kämmt des wankenden Waldes vergoldetes Haar
und die Sonne erblasst.

Weit hin zum Horizont zieht nun der Wildgänse Schar,
hast gar Du sie verpasst?

Blau ruht das monden gegerbte Land: Sehet, was war,
und die Felder verlasst!

# was schweigen kann

schön ist was
vieles andere
schweigen lässt
schön ist dies lied das
schwebend uns umfängt
schön ist ein weg der
jedem offensteht
schön ist der schnee der
alles deckt und dämpft
schön ist was
vieles andere
schweigen lässt
schön ist dies werk das
ohne werbung wirkt
schön ist die Zeit die
sich auch selbst genügt
schön ist ein raum der
tiefer sich erschließt
schön ist was
vieles andere
schweigen lässt
schön ist dies licht das
strahlend hellt und wärmt
schön ist der blick dem
beide ganz erlegen sind
schön ist ein wort das
still am Rande steht
schön ist dies und das
was wie vieles andere
selber schweigen kann

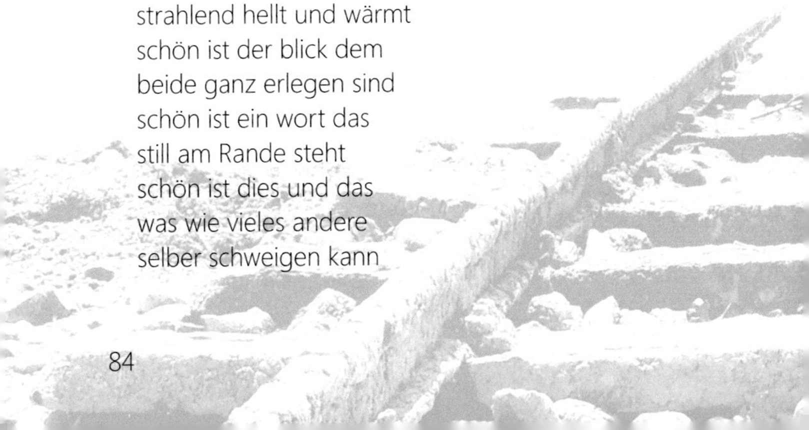

# Zwischen den Jahren

In wollenen Tüchern
endet die Zeit.

Was kommen wird,
das war bereits,
dazwischen nichts.

So kreucht Tagtrübe
und neigt sich das Jahr:

ein Hauch
von Anbeginn.

## Fehlen*

Die Ewigkeit ist weit
vom Hier und Jetzt entfernt.
Uns aber fehlst Du ganz
in dieser Zeit.

Nun, Du warst nicht mehr so stark
wie viele Deiner Jahre – doch
dem Leben zugewandt.

Der Tod kam schnell.
Trost, der uns gegeben, war
groß. Die Leere ist es auch.

Du hattest sie gefüllt
mit Deinem offenen Wesen,
Deiner unermüdlichen Fürsorge,
Deiner Strenge und Persönlichkeit,
mit Deiner Güte und Geselligkeit.

Dass uns all dies mit Dir heut fehlt,
zeigt, wie nah wir beieinander waren,
und lehrt uns, solches zu bewahren,
um Dir eben darin nah zu bleiben.

Fehlen heißt:
verbunden sein,
vielleicht auf Ewigkeit.

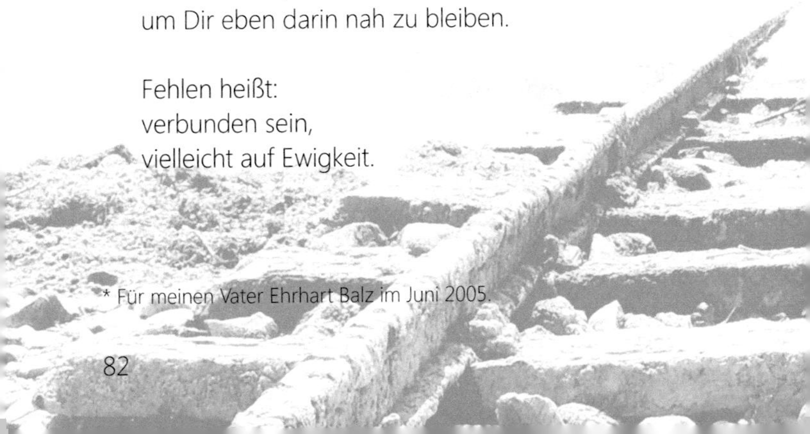

* Für meinen Vater Ehrhart Balz im Juni 2005.

## Umkehr der Gefühle

Wenn mancher weinte,
will ich lächeln:
aus solcher Trauer
in die Zuversicht.

Wenn man frohlockte,
kann ich weinen,
aus solcher Freude
in das Weh vom Glück.

# 7
# Zwischen all den Jahren: Fast verloren

## Mein Leben ändern?

Auf den Schattenseiten
der weißen Wolkenberge

liegt Schnee von gestern.

Den Grat zu überschreiten
– wer fürchtet sich?

# Gefährten

Aufbruch.
Hinab streunen
von schwärzender Quell
der Gefährten neun.

Reise zum entlarvten Berg.

Schatten lauern dem Ring.
Trägst du Scheu im Sog
des geblässten Tags,
der geflügelten Nacht?

Schweigend folgen wir
unserer Bestimmung.

## Aufstieg

Erkennst du es fernab:
das hohe Gebirge
der Erwartungen?

Sieh die zahllosen Zinnen!

Nun denn, schmieden wir Pläne,
die Gipfel zu erklimmen.

Das Bündel früh geschnürt
und letzten Mut gefasst,
so wollen wir uns wagen.

Trägt nicht jeder Schritt voran?
Und verändert nicht der Weg
den Blick?

## Seitenwechsel

Gehst zum Berg
„Dreifaltigkeit"
hinan,

schaust die Dinge
einmal anders
an,

setzt dich droben
an der Kirch
darnieder,

kennst die alte
Welt nicht
wieder.

## Ohne Worte

Der kleine Maulwurf
hatte bereits aufgegeben.

Rücklings lag er steif
in der frühen Morgensonne
auf dem Gehsteig.

Ein Bild der
Achtlosigkeit.

# Hinterthal

Als die Sonne sich senkte,
gingen wir aus dem Schnee
in die Kirche am Hochkönig,
entzündeten drei Lichter
und lasen mit Staunen:

*„Wir sind nur Gast auf Erden*
*und wandern ohne Ruh*
*mit mancherlei Beschwerden*
*der ewigen Heimat zu.*

*Die Wege sind verlassen*
*und oft sind wir allein,*
*in diesen grauen Gassen*
*will niemand bei uns sein."**

* Zitiert aus dem Kirchenlied „Wir sind nur Gast auf Erden" (Text von Georg Thurmair) .

09/96

Auf das Höchste
aber unentschlossen
bin ich im September,

dieser Pflaumenkuchen-Wespenzeit,

wenn wir uns noch einmal wärmen
und laben an der sanften Milchigkeit,
wenn wir noch nichts wissen wollen
von der unweigerlichen Strenge
und der aufziehenden Dunkelheit.

## Nordsee

Einig sind sich
in ihrer letzten Bewandtnis
diese Insel und der Sand,
genug für zwölf Millennien,
auch das unablässige Winden,
fern hinaus aufs blanke Meer:

einig in dem Schauspiel
des verlässlichen Soseins,
der immer schon geahnten
Ewigkeit.

# Zeitreise

Eben auf der Fahrt,
an Marburg vorbei,

habe ich mich gefragt:
Hättest du *gestern*
etwa geglaubt,

*morgen* könne so
werden, wie es
*heute* ist?

# 6
# Marburger Gedichte III: Immer weiter

# Morgenschwimmen

Es ist früh.

Tintig liegt der See
und schweigt
in seinem Grund.

Die kleinen Inseln
schlafen noch.
Das Wasser wartet.

Ich ziehe mir
seine blaue Haut über.
Unsere Seelen gleiten
ineinander.

Wir werden eins.
Es verschwimmt.

## Elementare Wünsche

Ich möcht so gern
noch einmal, Herr
der Winde, Wolken, Luft,
verspürn des weiten Himmels Duft.

Ich möchte so gern
noch einmal, Herr
der Meere, Wellen, Seen,
am sehnsuchtsvollen Wasser gehn.

Ich möchte so gern
noch einmal, Herr
der Lichter, Flammen, Glut,
erstrahlen, wie es Feuer tut.

Ich möchte so gern
noch einmal, Herr
der Gräser, Wälder, Faun,
mich dieser Erde anvertraun.

## Birken

Was will ich noch erleben?
Hinter Birken liegt gelobtes Land.
Wie kann ich dorthin mich begeben?

Durch die Birken weht ein gelbes Band.
Wie soll ich weiter daran weben?
An den Birken nimmst Du meine Hand.

Und wofür lohnt es sich zu leben?
Hinter Birken wartet schwarzer Sand.
Was will ich wirklich noch erleben?

# Wonach

Ich suche, suche
wieder, immer wieder
den Himmel unterm Sand,
das unentdeckte Land,
den Weg, den keiner fand.

Ich suche, suche
wieder, immer wieder
den Rausch in vollem Fluss,
der Wüste heißen Kuss,
den niemand reuen muss.

Ich suche, suche
wieder, immer wieder
das letzte Tor zur Welt,
das achte Meer am Belt,
ein Glück, das nie zerfällt.

Ich suche, suche,
was mir schon zerbrach,
wieder, immer wieder
doch bloß das Wonach.

# ambiva.lyr

Die Welt beglückt.
Das tut gut
– und „weh“.

Die Welt schmerzt.
Das tut weh
– und „gut“.

Ich lachweine
mich hindurch.

## Flieg, kleiner Vogel!

Es war einmal der Vogel Matz.
Der fiel als Baby aus dem Nest.
Und wusste nicht, wie ihm geschah.

Doch wahr ist und wohl ein Glück:
Er landete in einem Fahrradkorb.
Und fand Gehör, auch Zuneigung.
Im Haus mit Eltern, Schal und Wurm.

So wuchs er vierzehn Tage lang.
Gehegt, gepflegt mit Herz und Hand.
War piepsig, manchmal aufgedreht.

Hernach ein erster Flügelschlag.
Die Meise ward ihm anzusehen.
So stark und munter schien er uns.

Dann plötzlich elend, stumm und kalt.
Begraben wurd' er auf dem Feld.
Bist nie geflogen, kleiner Matz.

## dekonstruktiv

So unbedeutend dies.
Und das. Und jenes auch.
Was rührt mich noch an?

Eins hatten wir schon.
Eins brauchen wir nicht.
Eins sehen wir kaum.

Vieles gleich gültig,
meist ohne Gewicht.

Was soll man dazu sagen?
Und wer will das wissen?

Wenig scheint von Belang,
nichts gar von Dauer.
Alles nur relativ.

Was bleibt bestehen?
Tod spielt kleine Rollen.

## Frohe Ostern

Ein vermutlich liebes Kind,

wie es mir am Gründonnerstag begegnete,
das seinen mit goldgelbem Stanniol überzogenen
Standard-Schokoladen-Osterhasen
hingebungsvoll von der Ohren herab streichelt
und wiederholt so vertraulich auf ihn einredet,

hat vielleicht eine schöne blühende Phantasie,
hat vielleicht keine Eltern, kein Zuhause mehr,
hat vielleicht Geschmack an seinem Freund gefunden,
hat vielleicht eine behandlungsbedürftige Neurose,

hat vielleicht nur frohe Ostern in dem Sinn.

## Himmlisch passiv

Hinfort mit diesem
agitatorischen Imperativ,
kein „carpe diem"
soll uns leiten!
Überholverbot.
Die Vita activa
hat ausgedient.
Immer parat, zugepackt,
forscher, fixer, mehr:
Ideologie der Hypertrophen.

Bleibt ruhig!
Seid gefangen und
lasst Euch berauschen!
Die Zeit vorüberziehen!
Werdet passiv!
Lasst auch Dinge liegen!
Seid öfter faul!
Ehret das Beschauliche
und bewahret die Stille!
Verneigt Euch vor dem Nichts!

# 5
# Unzeitgemäße Einlassungen: Fast verworfen

## Hiddensee

Blanker Flügelschlag
des Kormorans,
der seedornig streift
Bodden und Sund.
Heranwindet die Salzsande
von Westen – ho!

Hinter Steinschilf und Baumwerk,
wo blaut die Kunst und im Molenlicht
unruhig nachtet das Meer.

## Mein Sohn

Im Pupillenschwarz
deiner Augen spiegelt
sich mein Gesicht.

In dich schauen
kann ich nicht.

Nur ahnen,
wer du bist
und sein wirst.

## Atem der Ewigkeiten

Chronos Pfeil
kehrt nicht zurück.
Jedes Einstweh
muss verkrusten.

Oh, du Bewunderer
des Stillerauschens
und des Möwenflugs,
wo find ich dein Versteck?

# Regensburger Friedhof

Letzter Ort der Stille,
geewigt von Kuppelhallen.
Herberge der ungleichen Gräber,
des unverstandenen Todes.

Jener Nichtigkeit,
die niemand an
sich selbst erfährt.

Brunnen des flüssigen Gleichmuts,
des trunkenen Schreckens,
wann ist mein Tag?

# Oma Anna

Da ruht ein langes Leben.
Ausgehaucht.
Erinnerungen
an den Strelasund.

Vorm Haus der
kleine Roller aus Holz:
Kinderträume.
Die alten Hände
haben sie bewahrt.
Und das Herz,
das nun nicht mehr schlägt.

Aber dieser Maiglöckchenstrauß!
Ein Abschiedsgruß.
Friedlich.

# Andertags balearisch

Karst überzieht
unser Gemüt.
Pinien belagern
jede Bucht.

Oliven versteinern.
Kein Zauber,
der sie erlöst.

Rinnsale dürstet nach
mallorquinischem Gewitter.
Und Fincas träumen
von besseren Zeiten.

# mediterran

Sonnenprall
türkises Dümpeln,
Bucht für Bucht.

Fischduftatem
über Pinienhainen,
weinblättrige Leichte
und die Gemächlichkeit
jener Tage.

Steintrockene
Hortensienblässe,
schlafende Dörfer
und das Grillenzirpen
in den Schwingen
der Nacht.

## Muße

Manchmal braucht man diese Stunden,
die nicht zählen,
die vom Lebensband
nicht abgeschnitten werden.

Stunden ohne Hast und Ziel,
Stunden,
in denen weniger als nichts geschieht,
nur ein langer Augenblick am Stück.

## Gefangen

Oh spanischer Vogel,
Cotillo ist verlassen!
Schweigen aus der
Felswüste.

So blässt nun
die getünchte Wand,
die deinen Käfig hält.

Dem Meer bleibt Gischt.

Wer zerriss bloß die
Küsten westnordwest?
Und wer sperrte dich ein
in stolzer Vergangenheit?

# 4
# Marburger Gedichte II: Nur Momente

## Wie man so sagt*

Erstens kommt es anders,
zweitens als man denkt.

Erstens denkt man anders,
zweitens als es kommt.

Erstens kommt wer anders,
als man zweitens denkt.

Zweitens sind wir anders,
als man erstens denkt.

Drittens kommt es anders,
als man erstens, zweitens denkt.

Viertens kommt es anders,
wenn man recht viel denkt.

Alles wird ganz anders,
wenn man denkt: was kommt?

Erstens kommt es anders,
zweitens als man denkt.

* Nach einer deutschen Redensart.

# Jodokus-Kirche*

Grab Dir ein Loch in die Welt,
zieh sie mit hinein,
verlass nun Dein bestelltes Feld,
wahre nicht den Schein!

Bau Dir ein Dach nur aus Glück,
steige hinauf – Traum für Traum,
genieße jeden Augenblick
im allerkleinsten Raum!

Denke nur noch, was Dich stützt,
sprich nicht ohne Grund;
Vieles hat nicht viel genützt,
schweig und schließ den Mund!

So viel gemacht und geschafft,
braucht es noch mehr?
Schon den Anfang vom Ende vollbracht,
gib Dich ihm her!

Halt nicht am Höchsten fest,
es ist einerlei;
leb in Würde den Rest,
bald bist Du ganz frei.

* Dieses Analogie-Gedicht fußt auf den Versen von Helmut Schelsky „Ratschläge an mich selbst" und ist während einer stillen Stunde in der Bielefelder Jodokus-Kirche entstanden.

## Und ich spreche diese Verse*

Und ich spreche diese Verse,
tanz mit Tränen durch die Strophen
und ich steh im Lyrik-Regen,
will ein stiller Dichter sein.

Rilke wird uns immer lieben
und Goethe lässt uns nicht allein.

Und so schreib ich meine Verse.

* Nach dem Song „Lieder" von Adel Tawil.

## UnGlück*

Auch mit Gedichten
lässt sich, wie
Houellebecq zeigt,
alles vernichten:

Mond, Haut, Brie –
das Glück vergeigt.

* Unter Bezug auf die Werke und Poesie von Michel Houllebecq.

*Lautlos geborgen* / sterbliche Sorgen,
*und im Schutz meiner Hände* / und sein Engel spricht Bände,
*und der schirmenden Nacht* / hält des Einsamen Wacht,
*liegt er da* / immerdar.

*[...] und vor uns lagen die Berge*
*mit ihrem blauen Morgennebel,*
*der in den Tälern vorne schwamm,*
der führt in die Tiefen jener Klamm,
mit einem dunklen Orkushebel,
und vor uns stehen zwei Särge:

*Malt Mami jetzt den Himmel bunt?*
Tut solche Wehmut meine Seele kund?
Würd´s  mir nicht eh im Himmel bald zu bunt?

* Die kursiv gesetzten Verse sind als Vorlage (in selbiger Reihenfolge, s.o.) den sechs Werken von Wolfgang Herrndorf entnommen: „Sand" (2013, S. 7-8), „In Plüschgewittern" (2008, S. 77), „Diesseits des Van-Allen-Gürtels" (2007, S. 182), „Bilder deiner großen Liebe" (2014, S. 124), „tschick" (2010, S. 171), „Arbeit und Struktur" (2013, S. 314).
Das Gedicht ist Konstantin Balz und Tim Bindel gewidmet.

## Lyrische Momente in den Werken von W. H.*

*Unbeeindruckt hob sich die Sonne über den Horizont und schien über Lebende und Tote, Gläubige und Ungläubige, Elende und Reiche.*
Selbstverständlich versank die Sonne wieder unter dem Horizont, verließ alle Lebenden und Toten, Glücklichen und Unglücklichen, Heimischen und Fremden.

*„Dann trink doch schon mal ein Bier.*
*Ich schaue wieder über die Dächer,*
*die mit ihren Unmengen von Schornsteinen zurückschauen,*
*und ich denke, wie wunderschön das alles eigentlich ist."*
Und ich denke, ob eigentlich fast alles wunderschön ist,
und ich denke, wie „wunderschön" für alle eigentlich ist,
und ich denke, wie das alles eigentlich ist: wunderschön!

*Auf der einen Seite des Himmels war noch schwarze Nacht,*
*auf der anderen wurde es schon hell. Blau übertaute Felder*
*und Wiesen lagen rechteckig bis an den Horizont [...]*
*Ich fühlte mich wie ein Aussatz im All.*
*Jeder Tautropfen war unvergänglicher als ich.*
Und ich spürte diesen endlos weiten Hall.
Jeder Tautropfen war unermesslich, so auch ich.
Und ich fühlte mich wie ein Schrecken im Fall.

# Herr des Waldes*

Von Hirten wird berichtet, dass im Norden
Am Rande eines tiefen Tals, voller Ulmen
Und seltner Kräuter, die weithin süßlich duften,
Ein Schwarzbär war, der so im Walde streunend
Mit seiner Tatze weiter Äste Früchte
Ergreifen konnte. - Wenn er seine Krallen,
Geschärft noch mit dem Stein der Pyra-Scherbe,
Zu hartem schwerem Schlag erhoben: habe
Er einer dunklen Wolke gleichgesehn.
Die Nächte sei er im Gehölz entschwunden,
Des Morgens aber auf dem Weg erschienen
Im frischen Windeshauch von Gras und Harz,
Mit tiefer Stimme bebend, dass die Eulen,
Auch Freunde des Gefildes, dichter flogen
Im Wald voll grüner Schatten, grüner Kronen.
So habe er schon alle Zeit gelebt;
Vereinsamte nur hätten ihn entdeckt.
Doch als zum ersten Mal die stolzen Hüte
Der Menschen sich mit großem Aufgebot
Dem Walde zugewandt, sei er zum Berge,
Die ihm vertraute Stätte anzuschaun, gestiegen;
Verbreitet habe er die starken Fänge,
Hinscheidend in verzagten Trauerlauten.

* Analogiegedicht zum Original „Der Herr der Insel" von Stefan George.

## Kraniche*

Es waren viele
wie noch nie.

Doch sie flogen ohne Gruß,
fanden nicht mein Herbstgeleit,
zogen über Dylans Milchwald hin.

Fernwehträume ließen sie zurück.
Nur ein Platanenblatt blieb grün.

* Dieses Gedicht nimmt Bezug auf die Lyrik und das Stück „Unter dem Milchwald" von Dylan Thomas.

# Trakl schweigt*

Kastanien fallen
in das Moderwerk.

Schwarze Weiher gären
und Wein beseelt
die Dämmerung.

So herbstest du
im Lyrikwald.

Trunkene Nebel fluten
riefendes Geäst –
und Trakl schweigt.

* Das Gedicht ist in Stimmung und Wortwahl den Werken von Georg Trakl nachempfunden.

# Erben*

Ihr seid die Erben,
denn wir: sterben.

Und Du erbst das Grün
entlegener Gärten,

Du das stille Blau
verflossener Himmel

und Du erbst das tiefe Rot
zerbrochener Herzen.

* Gedicht in Analogie zu Rainer Maria Rilke „Das Stundenbuch" (1901/2007, S. 70).

# Zwei: Original und Fälschung*

*„Ob Rosen, ob Schnee, ob Meere,*
*was alles erblühte, verblich,*
*es gibt nur zwei Dinge: die Leere*
*und das gezeichnete Ich."*

Ob Liebe, ob Weh, ob Sterne,
was so auch erstrahlte, verblich,
es bleibt nur ein Suchen: die Ferne
und das geborgene Ich.

* Das Original ist die erste, kursiv gesetzte Strophe und stammt als Zitat aus dem Gedicht „Nur zwei Dinge" von Gottfried Benn (dort die letzte Strophe). Meiner lyrischen Analogie in der obigen zweiten Strophe dient das prominente Original – wie auch in den folgenden neun Gedichten – als verwandtschaftliche Vorlage.

# 3
# Prominente Analogien: Verwandtschaftliches

## fröhlich

Unbeschwert
lacht heute
mein Gesicht.

Ausgelassen
hüpft der
Glücksakkord,
treibt verrückte
Späße.

Ich greif´ die Welt
mit Leichtigkeit
und bringe einen
Trinkspruch aus.

## Nichts

Angsterfüllter
Menschenleib

trunken stürzt
durch Finsternis,

blanker Schrecken
augenweiß,

endlos fällt
in tiefes Nichts,

taumelnd
ohne Halt,

einsam treibt
am Weltenrand,

sinnverloren
weit im All.

## Innere Unstille

Tiefer
Herzschlag
im
Atlantischen
Graben.

Lässt ein
sturmdurchfurchter
Drache
meine Brust
erbeben.

Zittern
fernab
die
wildgekämmten
Aleuten.

# Ein Zimmer

In einem Zimmer,
da frühstückt nur einer
– neben dem leeren Bett,

niemand spricht
und keiner wartet
– auf dich,

wenn du heimkommst,
mit Freuden und Sorgen
– allein.

## different

Wir leben
alle
auf einem
Planeten

und
jeder
in seiner
eigenen Welt.

## Landschaft

Draußen
atmen fraglos
Baum und Stein.

Knorriger Pulsschlag
des Waldes,
lichte Weite
über Hügelketten.

Urwuchs sattsam
auf Ewigkeit.

# Bindung

Wer
eine
Bindung
eingeht,

den
hält
sie
fest.

# 2

# Marburger Gedichte I: Drinnen & Draußen

## Ich bin mein Freund

Ich bin allein nicht einsam.
Ich habe Interesse am Leben.
Ich hänge nicht so sehr daran.

Ich weiß meist, was ich will.
Ich spüre, was ich nicht will.
Ich sehe auch, was zu tun ist.
Ich kenne viele meiner Fehler.

Ich habe manche Hoffnung.
Ich werde mit mir einig.
Ich kann mir trauen.

Ich mag mich leiden.
Ich bin nicht wichtig.

## Aufgabe

Willst du,
*worum es geht,*
dein Leben nicht
abreißen lassen,

so spinne die
seidenen Fäden,
an denen es hängt!

## vergiss

vergiss was gewiss
dir schien doch entriss
die frage des fremden blicks

vergiss und nun hiss
die fahne des neuen glücks